大家小小书

篆刻　程方平

中国历史小丛书

主　　编	吴　晗			
编　　委	丁名楠	尹　达	白寿彝	巩绍英
	刘桂五	任继愈	关　锋	吴廷璆
	吴晓铃	余冠英	何兹全	何家槐
	何干之	汪　篯	周一良	邱汉生
	金灿然	邵循正	季镇淮	陈乐素
	陈哲文	张恒寿	侯仁之	郑天挺
	胡朝芝	姚家积	马少波	翁独健
	柴德赓	梁以俅	傅乐焕	滕净东
	潘絜兹	戴　逸		

新编历史小丛书

主　　编	戴　逸			
副 主 编	张传玺	唐晓峰	黄爱平	
总 策 划	韩　凯	张　淼	李翠玲	
执行策划	安　东	吕克农		
编　　委	王　玮	王铁英	孔　莉	孙　健
	刘亦文	李海荣	沈秋农	高立志
统　　筹	高立志			

新编历史小丛书

祖逖北伐

何兹全 著

北京出版集团公司
北京人民出版社

导　言

张耐冬

"北伐"是一个在中国文化中具有明显倾向性的词汇。在古代，它仿佛具有天然的正义性——被迫离开中原、在南方另建新巢的政权兴师北伐，无不以光复故国，救民于水火为口号。他们强调自己是中原文化与正统政权的继承者，收复失地、还定中原是他们必须承担的政治责任。按照这个自我定位，"北伐"的必要性与正当性不言而喻。

然而，这些政权发起的北伐之

战，多数只是和北方政权争夺土地、人口或是海内独尊的正统名号，"解民于倒悬"似乎从未真正落实过。在南北分裂的时代，通过北伐来宣示自己对中原地区拥有统治权，也是南方政权在树立自身正统地位时常用的方法。不过，这种标榜正统的方式，也使北伐成为传统文化中极具特色的一个现象。当我们谈起分裂时代的战争时，"北伐"往往可歌可泣，而"南征"不但很少被正面描述，甚至这个词汇也很少被使用。究其原因，恐怕问题在于"北伐"被视为正义之举，"南征"则往往被当成"南侵"。

自秦汉之际匈奴勃兴于北境，中原政权每每受到来自长城以外的压力，而从汉末开始,北方铁骑一次次南下,"衣冠南渡"之事便也反复上演。中原文化由此产生了应激性,将"北伐"的意义上升到以军事行动保卫华夏文明、使这一古老文明得以延续的高度,原有的争夺土地、人口与名位的战争便成为一种文化符号。"北伐"被视为正义行为,正是其符号作用所带来的效应。世代相传的历史讲述,不断强化着危机意识,也不断提醒我们应严守"中原"立场。直至今日,这种态度也未发生根本的改变,可见古代正统观对当下历史叙事的影响。

作为文化符号的"北伐"为世人称道,但要让这一符号人格化却并不容易。若一种文化符号无法人格化,那么它对后世的影响就会极为有限。孔子被塑造成圣人与先师，黄帝被视作华夏初祖，就连文字的发明也要归结到仓颉一个人身上，无不是将文化符号人格化的结果。"北伐"不易被人格化，主要是因为南方政权发动的战争与其他的政权间争斗并无不同，很难找到文化意味，而能够作为捍卫华夏文化的典型事件与人物，却又基本出现在北方政权进攻时的保卫战中。

  两千余年的王朝史里，真正令人印象深刻、积极且正面的北伐代表，恐怕就只有祖逖与辛弃疾。值得玩味的是，这两个人的北伐行为与信念，与他们各自所在的政权关系都不大。这样的孤愤英雄，在中原文化风雨飘摇之时挺身而出，而不是倚仗某一皇帝或王朝，才足够成为存续中原文明的代表。

辛稼轩一生对北伐思之念之，怀有济世之才却壮志未酬，只能将胸中百万兵尽写在词中，栏杆拍遍后也要"醉里挑灯看剑，梦回吹角连营"；祖逖同样未能实现收复中原的理想，但他组织的北伐却对当时的北方政权产生很大震慑作用，就连对手也对他十分钦佩。唐人修《晋书》，称赞他"克复九州之半"，已是极高的评价，"闻鸡起舞"与"击楫中流"的故事更是彰显了他的个性。

"北伐"的舞台上少不了祖逖，就像"兴复汉室"的路上必须有诸葛亮一样。可惜，谈起这位公元四世纪的北伐豪杰，多数人还是停留在"闻鸡起舞""击楫中流"这类片段故事上，对于他本人，和他所在的时代，却少有了解。

何兹全先生所写的《祖逖北伐》，曾作为"中国历史小丛书"的一种，在20世纪80年代初出版。后来作为中国历史基本读物的《上下五千年》在当时刚刚推出，且是以事件为主，已经对教科书式讲授历史不满的读者，也希望看到以人物为中心的历史普及类著作。这部原稿不满一万字的小书正符合了这一需求，用浅近的语言将祖逖的生平及其政治作为进行了详细描述。不仅如此，书中还用相当的篇幅介绍了魏晋时代的基本社会状况，以及引发西晋灭亡、北人南渡的政治背景，勾勒出了祖逖个人生命轨迹所在的时代坐标系。

一般来说，讲述以人物为中心的历史时，在聚光灯下的基本只有主人公，其他人物至多是配角，作为背景因素的时代与政治信息则往往被作者有意无意地虚化，这样才显得主角卓尔不群、形象高大。何先生的写法则不同，无论是《祖逖北伐》，还是其他有关历史人物的文章，都尽可能地将这些人物放回到他们所在的时代环境中。这样一来，英雄与名士们都显得不那么神秘，似乎少了些许魅力，但却让他们长久以来被各种文学描述与政治叙事所掩盖的庐山真面得以显现。《老子》有所谓

"信言不美"之语,正可视为史学思维与文学笔法、政治宣传的分界。这本《祖逖北伐》虽是普及历史常识之作,但仍体现了史学的基本精神。

十几年前,何先生曾在闲聊时提起往事,说自己的启蒙老师服膺桐城派的文风,他受此影响,文章也写得十分简洁,别人能写几万字的题目,自己写几千字就结尾了。这说法一半是实情,另一半也是自谦之词。除了简要这一特征,桐城文法也讲究谋篇布局,下笔绝无与主旨无关之言。在这本小书中,与祖逖相关的时代与政治信息也是如此。

这些信息其实回答了几个最基本的问题:为什么西晋王朝会灭亡,中原会被北族所控制?为什么祖逖会有坚定的北伐信念，能够组建起一支追随他的队伍？为什么东晋政权建立之后，祖逖却依然形单影只地独撑北伐局面且最终失败？在基础教育阶段的历史课上，后两个问题常会被祖逖的爱国情怀这一抽象且有些空洞的说法搪塞过去，《祖逖北伐》则用交代背景的方式，将流民在东晋政权中的地位及其北伐热情、西晋灭亡后豪族强宗与坞堡具有的特殊社会意义与政治影响、东晋初年的政治格局与祖逖在其中的身份等学术问题娓娓道来，将祖逖的个人情怀与他所生活的时代、所在的社会阶层所抱持的观念相联系，将其个人行为与具体的政治局势相联系，让那个时代不再是模糊的背景，让祖逖个人不再是抽象的文化与政治符号。

中国古代社会史是何先生最关注、取得最多成就的学术领域,对于中古时代的经济形态、社会分层、依附关系以及在此框架上搭建起的政体、思想与学术,他有很多独到且深刻的见解。这些看法也在这本书中有所体现。在讲到自己的相关观点时,他并没有使用难懂的专业词汇或大段的理论,而是在具体史实的基础上进行讲说。历史普及作品应采取的写法,大概就是这样吧。

写作这部书的时候,正是"文革"结束、何先生回到教学与研究岗位的年代。当时,他既要上课、撰写学术论著,又要参加各类学术会议与学术考察活动,还时常到各地讲学。在排满的日程里，他抽出时间写下这部《祖逖北伐》，可见普及历史常识在他心中的地位。在20世纪90年代出版的《三国史》序言中，他也提到过编写教材和通俗读物的意义，后来，这个想法在《爱国一书生》中再次被提起，而且更为明确：将计划中的学术著作完成后，他准备写作通俗历史小说。

重视对史学常识的普及，与何先生的人生追求有很大关系。他曾积极参与政治，也主办过《教育短波》和政论刊物，自己也写过关于政治局势与国家前途的政论。编订《何兹全文集》时，他曾有过将这些早年的非学术文章收录进来的打算，后来因难以集全而作罢。但可以看出，他的精神家园不只是书斋，治学论政，开启民智，都是他的理想。有这样的追求，向社会传播历史常识、推广传统文化，也被他视为理所应当的责任。

遗憾的是，何先生写作通俗历史小说的心愿最终未能实现，他普及史学常识的作品，也只留下了若干在《文史知识》等刊物上发表的文章，和这一部书。

《祖逖北伐》从初版到今天，已经过去了三十多年。这些年里，书中提到的一些问题，学界有了新的看法，行文风格上，近年来走红的普及类历史读物所具有的华丽文风也和这本书较为质朴的写法有一定距离。不过，因为立足于《晋书·祖逖传》等基本材料，以何先生自己对魏晋时代的政治与社会的看法为基础,所以在基本观点的阐述和历史线索的梳理方面,此书自有其价值。

需要说明的是,因为书的主题是"北伐",一些与北伐关系不大的内容,比如祖逖对王敦的态度等细节,在书中并未细讲。而一些不大光彩的行为,比如他放纵下属劫掠时的言论,也做了淡化处理。

最后,要感谢这本书的责编孔伊南。在她约我写这篇导言之前,我并未读过这本书。这段时间,反复读这本薄薄的小书,并将它与何先生其他的史学普及之作对读,算是做了一次补课。读的时候也总在想象,先生如果自己把这些内容讲给我们,将是什么情景。

犹记得博士刚毕业时,一次去先生家中闲聊,大家说起当时非常走红的一档电视节目中与三国史有关的内容。先生坐在书桌前认真听着,偶尔用手拢住听力欠佳的耳朵,让我们重复一遍刚刚说过的话——在他的心里,对普及史学常识的消息一直非常关注。现在这本书重新出版,若他还在世的话,想必也会很欣慰吧。

目 录

一、"闻鸡起舞"……………001

二、江南避乱……………012

三、北伐……………018

四、团结和进取……………026

五、黎民歌颂……………036

一、"闻鸡起舞"

在一千六百多年以前，即西晋（265—317年）的时候，北方有一对青年人。他们是很要好的朋友，两个人都很有志气，有爱国心。

晋武帝（265—290年在位）晚年时，国家表面上还是一片太平景象，但实际上已是危机四伏了。有钱的人穷奢极侈，广大农民却穷得连一餐饱饭也吃不上。国家的赋役负担，完全压在劳苦人民身上，迫使他们走上了饥寒交迫的绝路。住在内地的少数民族人民的命运也是这样。这种情况已不是什么秘密,比较有识见、有阅历的人,都预感到天下要大乱了。

公元289年,一个寒冷的夜里,这两个青年正在睡梦中,忽听得一声鸡叫。一个青年猛地披衣而起,推醒另一个青年,喊道:"越石!越石!你听!这不是很讨人厌的声音吗?"当时正是夜半时分,人声寂静,这两个青年想到国家的局面不稳,倍感忧愤,一时都涌上心头,就再也睡不着了,于是便舞剑练身,以排除心里的忧闷。这就是有名的"闻鸡起舞"的故事。

上面说的这两个青年,一个叫祖逖,一个叫刘琨,越石是刘琨的字。后

闻鸡起舞

来在西晋末年，天下大乱的时候，两个人都做了一番事业。现在我们不谈刘琨，单来介绍祖逖。

祖逖是西晋范阳郡遒县人。西晋时的范阳郡，大体上在现在北京以南，保定以北这一带地方；遒县在现在涞水县境内。祖家是遒县的大姓，上代做过郡太守①一类的大官。祖逖的父亲就做过上谷郡（今河北怀来一带）的太守。

祖逖兄弟六个，父亲早逝。他从小跟着哥哥们生活。祖逖小时不大肯读书，欢喜交结朋友，不拘小节。他的哥哥们都很为他担心。其实祖逖并不是个荒唐的人，他的不拘小节，欢喜交游，正表示他不愿受世俗礼法的束缚，是个有英雄气概的人。他又轻财好义，常常把谷米、布帛分散给穷困的亲戚和邻居。到十四五岁以后,他才开始用功读书。

西晋政权是依靠豪族地主的支持而建立起来的,自然要给豪族地主们一些好处。豪族地主的势力,便更加膨胀起来。西晋政府明令规定依照官僚地主们官品的高低,可以占有一定数量的土地,以及一定数目的佃客和衣食客②。因而,当时的官僚地主阶级有权、有势又有钱,生活非常豪华奢侈,荒淫腐朽。有一个名叫何曾的大官僚,一顿饭要吃一万钱,还摇着头说吃得太坏,没有可以下筷子的地方。他的儿子何劭更荒唐,一顿饭要吃两万钱。一万两万钱在当时等于一个小农家庭的全部家产。他们这样豪华奢侈的生活，全部是靠农民供养。农民负担不了，被逼得走投无路，就只有流亡或起来反抗了。

自从汉朝以来，有些匈奴人和羌人已逐渐迁徙到边塞以内来。到了晋朝，在现今山西、陕西一带，到处是和汉人杂居的匈奴人和羌人。惠帝时一个官员江统，估计当时关中地区（今陕西中部一带）共有一百多万人口，其中就有一半非汉人，而并州（今山西中部一带）更到处是匈奴人。

汉族地主阶级对待这些杂居内地的各族人民也非常残暴，看不起他们，侮辱他们，强迫他们做佃客，掠卖他们做奴隶。太原一带的豪族地主，多以匈奴人为佃客，有的一家有几千人。皇族司马腾做并州刺史时，为了筹集军饷，曾经公开劫掠匈奴人，两个人套在一个枷板上，运到山东去卖做奴隶。因此这些少数民族的人民，对汉族地主恨入骨髓。

武帝死后，他的儿子惠帝（290—306年在位）做了皇帝。这个皇帝的愚蠢无知，在历史上是出了名的。他听说很多地方的人民没有饭吃，快饿死了，他很奇怪，问他的侍从说："没有饭吃，为什么不吃肉粥呢？"

武帝在位时，为了巩固自己的统治地位，曾经采取大封宗室的政策，分封自己的兄弟子侄们，在各地建立很多王国。一些最亲近的大国的王，往往还兼任一方的地方官，凡是这一方的行政、军队都归他管。哪里知道这些人为了争权夺利，就自相残杀起来，造成"八王之乱"③，前后历时十六年，死了三十多万人。整个西晋的统治就大大削弱了。

"八王之乱"的结果，更增加了人民的痛苦。先是农民们成群结队到处流亡，跟着是为饥寒所迫，起来暴动。后来少数民族也乘机起来反抗，整个中国北部陷入历史上空前未有的大混乱。

最先起事的是匈奴族的刘渊，随后又有羯族的石勒。这些人因为受过汉族地主的压迫和侮辱，认为报仇雪恨的机会来了，于是到处对汉人进行报复，屠杀汉人。当初汉族地主们作下的孽，却落到无辜的老百姓头上来，要老百姓替他们还债了。

刘渊、石勒等起兵，原是反抗汉族地主政权的残暴统治；因为这些少数民族多年来一向给豪族地主当佃客或奴隶，主要还是社会阶级间的斗争。但是在刘渊、石勒建立政权以后，他们就对汉族人民进行报复，实行更残暴的统治，变成民族之间的斗争了。

刘渊死后，他的儿子刘聪攻下洛阳和长安，把西晋的怀帝（307—313年在位）和愍帝（313—317年在位）先后捉了起来。这两个晋朝皇帝在刘聪那里都受尽了侮辱。刘聪和他的部下举行宴会，让怀帝穿了青衣行酒。刘聪上厕所，让愍帝执盖[④]。怀帝、愍帝被俘后，西晋政权就灭亡了。这时，皇室的另一支琅邪王司马睿在建康（今南京）建立政权，历史上称作东晋（317—419年）。

这就是祖逖青年时代的历史环境。一个有爱国心的青年，目睹人民的疾苦，感慨时局艰危，无怪他要闻鸡鸣而起舞了。

注释：

①太守，官名，是一郡的最高行政官员。

②佃客，是依附地主给地主耕种土地的农民，实际上等于农奴；衣食客，是为豪门贵族服务的门客。

③"八王之乱"是西晋皇族争夺政权的斗争。八王是汝南王亮、楚王

玮、赵王伦、齐王冏、长沙王乂、成都王颖、河间王颙、东海王越。

④青衣是当时下贱的人穿的衣服;行酒是给参加宴会的人斟酒。执盖,就是拿马桶盖。

二、江南避乱

在北方大混乱的时代,原在北方的豪族地主,特别是一些大官僚大贵族,都带着全家人口,逃往长江以南去了。有些老百姓为了活命,只要有办法,也纷纷流亡到江南。当时黄河中下游的人口,逃往江南去的估计约有八分之一。

他们逃往江南有两个目的地:一个是荆州(今湖北、湖南两省以及河南、四川、贵州等省的一小部分)一带；一个是扬州（今长江下游的江苏、浙江和安徽南部）。由于人口增多，这两个地区首先发展起来了。

扬州是官僚贵族们特别喜欢的地区，因为那是一个富庶的地方。司马睿（317—322年在位）在建康建立了政权，他们到这一带地方去，既可以得到土地，又可以做官。

司马睿是司马懿的曾孙，琅邪王司马伷的孙子。司马睿十五岁时，父亲死了，就袭爵为琅邪王。当西晋"八王之乱"时，他没有参加那一场混战，先后在徐州、扬州做官。公元307年，他被任命为安东将军、都督扬州诸军事①。当时他接受了王导②的建议，移驻建康。王导还建议司马睿广纳南北豪族，招揽天下英雄，争地利，争人和，只等天时一到，就可以稳稳地取得皇帝的位置。司马睿听了他的话，终于在建康建立了他的小朝廷。

这时候祖逖也率领着他的宗族、乡亲、部曲③和奴隶们，一起逃往南方。一路上，祖逖表现出和别人不同的气度。别的贵族官僚，都只讲究自己的吃用，自己坐车子让别人走路。祖逖却不是这样。他把车子让给同行的老弱乘坐，自己和年轻力壮的人一起走路；他又把自己的粮食、衣物拿出来，分给别人吃穿使用。因此同行的人对祖逖都很敬爱。

祖逖到了江南，就在离建康不远

祖逖把车子让给同行的老弱者，自己和年轻力壮的人一起走路

的京口（今江苏镇江）住了下来。京口是一个重要地方，虽然人口没有建康多，政治上也没有建康重要，但地势险要，正是建康的门户。许多从北方逃来的大族多住在京口。

祖逖带着他的宗族、乡亲和部曲，来到这个新的地方，先做了一番安顿。由于祖逖从小讲义气，结交很多朋友，跟随他来的人就特别多。这些人到了京口，因为生活困难，又看见那些地主官僚人家，天天吃肉饮酒，心里很不平。他们就到那些富豪们聚居的南塘（属于京口的一个小地方）去抢劫，有时被官府逮捕了，祖逖就尽力营救他们。那些富豪们因此对祖逖很不满。

注释：

①都督扬州诸军事，是个军职，即扬州最高的军事长官。

②王导是东晋的宰相，为晋代南迁最早的大地主。

③部曲，是私人的武装队伍，有时佃客也称部曲。

三、北伐

祖逖虽然也逃往江南，但目的和别的官僚贵族不同。他不是为了贪生怕死，或者想到江南小朝廷去做官，而是另有抱负的。他因为北方大乱，一时站不住脚，才不得不先到南方存身，但更重要的是恢复中原地区。祖逖把这个希望寄托在司马睿的身上。

祖逖到了江南，司马睿任命他为军谘祭酒[①]。后来他去见司马睿，对司马睿说："这次乱事，是由于宗室争权，自相残杀。结果被戎狄②趁火打劫，使中原百姓陷于水深火热之中。现在中原的百姓，受不了他们残暴的压迫，都想起来反抗。如果大王（当时司马睿还没有正式称皇帝，还是琅邪王，所以称他大王）能给我命令，让我去统率他们，他们一定会起来响应。这样，失地就一定可复，国耻就一定可雪。"

这时候，司马睿刚刚占住江南，一心要巩固这块地盘，根本无意北伐。但北伐这个题目很大，而且可以争取人心，既然祖逖提出来，是无法拒绝的。司马睿答应了祖逖的请求，任命他为豫州（今河南东部及安徽西部）刺史③。但并没有给祖逖一兵一卒，也不给兵器，只给了一千人的廪布④三千匹，要祖逖拿他原来带到江东来的人做班底，自行招募人马，铸造武器。

祖逖领了豫州刺史这个空头衔，回到京口，从他的宗族、乡亲、部曲中挑选了一百多家，渡江北进。船行到长江中心，祖逖眼看着滚滚东流的江水，美丽如画的江山，想着受苦受难的中原父老，不禁慷慨激昂地站在船头，对着部下，击楫发誓说："祖逖不能扫清中原，宁死不再回江东！"部下们见祖逖如此激奋，都深受感动。

祖逖到了淮阴，一面造炉铸造兵器，一面招募和训练军队。不久就招到两千多人，操练一个时期以后，逐步向豫州推进。

这时，豫州地区的黄河南北，有

祖逖击楫发誓说:"祖逖不能扫清中原,宁死不再回江东!"

两个势力：一个是羯族石勒，一个是一些汉人坞主。

羯族是匈奴的一支。石勒原居武乡县，青年时被西晋的贵族并州刺史司马腾掠卖到山东茌平做奴隶，为地主种地。后来被放免了，还留在当地做雇工。茌平附近有晋朝政府的一个马场，是政府养马的地方。石勒和这个马场的牧率^⑤汲桑常常来往，汲桑很赏识石勒的才能。刘渊率领匈奴人起兵，石勒跟随汲桑率领牧人和附近群众起来响应。石勒很会打仗，没有几年时间就发展成为黄河下游（今河北、山东、河南一带）一支强大的武装势力。他在名义上接受刘渊的命令，实际上是独霸一方。

坞堡是留在北方的汉人的武装组

织。上面说过，北方少数民族最初起兵反抗晋朝的统治，后来就把对统治阶级的仇恨转移在汉族人民身上，不分青红皂白地乱杀汉人，这就给北部中原地带的人民带来极大的灾难。在大乱中，很多豪族地主逃往南方，一般人跟着他们逃的也不少。但大部分人没法逃，只好自己组织起来保卫自己，搞起坞堡来了。这种组织有好些不同的名称，有的叫"坞"，有的叫"堡"，有的又叫"壁"或"垒"。坞、堡、壁、垒都指比较坚固的城堡。没有敌人的时候，人们在城堡外边耕田种地；敌人来了，就坚壁自守，贮足了粮食，不怕敌人长期围困。

坞堡组织的首领，称作坞主或堡

主。坞主或堡主多半是当地的地主。这些地主有力量建坞自守，远近的流亡散户都来依靠他们。人越聚越多，力量越来越大，坞堡组织也越来越坚强。也有一部分坞主、堡主是在战斗中表现了才能，为大家所佩服，经大家推选出来的。

在祖逖进入黄河以南地区的时候，西晋的统治虽然已经垮了，但羯人的统治还没有完全建立起来，东晋的统治力量也还没有到达这个地区，因此到处是坞、堡、壁、垒的组织。

这些星罗棋布的坞堡组织情况很复杂。有的心向东晋皇室，有的慑服于石勒的兵威，也有的想割地自守。他们之间，不相统属，甚至互相猜疑，有机会就互相吞并。

这就是祖逖来到黄河以南时的情况。在这样的情况下,如何团结坞堡主发展自身的力量,逐步削弱敌人的力量,争取胜利,就成为祖逖首先要解决的问题了。

注释:

①官名,即军事参谋的首脑。

②戎指西戎,狄指北狄,都是古代汉族人对边疆少数民族侮蔑性的称呼。

③官名,一州的地方长官。

④廪布是公家发给的布匹。

⑤官名,管理牧场事务的头头。

四、团结和进取

祖逖北上时，只带着从他的宗族、乡亲、部曲中挑选出来的一百家。到了淮阴，也只招募到两千人。当时的石勒，以襄国（今河北邢台县）、邺（今河北临漳西南）为根据地，占有黄河南北广大地区，势力很强盛。地方的坞堡则像一盘散沙，各不相属。祖逖觉得要发展自己的力量，首先就要很好地团结这些分散的地方势力。

祖逖第一步就是团结这些坞堡

主，把他们争取到自己这一边来，同时协调他们之间的关系，使他们能团结合作，共同抵抗石勒。祖逖进入豫州以后，经过大力争取，这些互相对抗的坞堡，逐渐团结在他的周围，听从他的命令，形成了一个比较统一的力量。当时在司州、河内一带（今河南西部和山西南部）有几个有势力的坞主，李矩、郭默，还有一些地方势力，常常你打我，我打你；祖逖也派人对他们说明大义，劝他们和解。这些人听了祖逖的话，都很受感动，就互相和解了，同时都表示愿意接受祖逖的指挥，共同对付敌人。

祖逖对于部属的态度，更是开诚布公，爱护他们。他能够与将士同甘苦，使将士们感到亲切。对于新来归附的人，他能够很好地安抚他们。对于关系比较疏远的也能够以恩礼接待。他这种对人的态度，发挥了很大的团结作用。

有一次，祖逖和一个投靠石勒的坞主樊雅作战，另一个坞主陈川派部下李头带兵来援助祖逖。结果这一仗打胜了，并且把樊雅一匹很好的战马也俘获过来。李头在这次战争中，作战很勇敢，立下大功。他很喜欢那匹战马，口里却不敢说。祖逖知道了，就把那匹马送给了他。李头很受感动，事后对人说："在祖将军帐下效劳，虽死也不恨。"祖逖的部下听了这话也很受感动，人人愿意为祖逖效忠，努力作战。祖逖在黄河以南的势力，逐渐壮大起来了。

祖逖作战很勇敢又很坚定。有一

次樊雅在夜里派兵偷袭他的营垒，一部分人直冲杀到他的军帐门前。当时大家都替祖逖担心，祖逖却神色不动，毫不惊慌地指挥军队，把偷袭的军队打退。

祖逖又很能运用计谋，出奇制胜。

原来援助过祖逖的坞主陈川，心胸狭隘自私。他听到自己的部下李头很感激祖逖，十分妒忌；等李头回去，就把他杀了。这件事引起李头部属的愤怒，他们就离开陈川，投到祖逖这里来。陈川又迁怒到豫州人民身上，派兵在豫州各地抢劫人民的财物，还俘掠大批人去做奴隶，并投降石勒。祖逖就派军队在半路邀击陈川的军队，把所有被掠的人都救了回来。

不久，石勒派石虎率领五万大军

来援救陈川。祖逖和石虎在浚仪（今河南开封西北）地方打了一仗，石虎站不住脚，不得不把陈川和他的部众迁往襄国，而把自己的部将桃豹留在浚仪城。祖逖的军队和桃豹的军队各占着浚仪城的一半。祖逖的军队占着城的东半边，由东门出入；桃豹的军队占着城的西半边，由南门出入。这样对峙了四十多天，双方都感到缺乏粮饷，不好维持了。

于是祖逖又想了一个计策，令士兵用粮袋装上沙土，派一千多人来来往往像运粮一样，一口袋一口袋地往城上运。另外又派了几个人，担着粮食，故意在大道上休息。桃豹的军队看见了，就拥过去抢。祖逖方面的人假装敌不

祖逖又想了一个计策，令士兵用粮袋装上沙土，派一千多人来来往往，像运粮一样往城上运

过，丢下粮食跑了。桃豹的军队把口袋抢去一看，都是好米，就以为祖逖的军队粮食充足，可以久守，自己军中的情况远远不如，于是军心大为动摇。这时正好石勒派人带着一千多头驴送粮食来。祖逖又派人埋伏在半路上，把这些粮食完全夺了过来。桃豹听说自己的粮食被夺，再也待不下去，就连夜逃去，结果祖逖完全占领了这个城。

祖逖又懂得攻心为上的道理，每次对敌作战，总想尽法子瓦解敌人的军心。黄河沿岸的坞堡原来大半都已屈服于石勒，而且大都有质子[①]在石勒那里。祖逖的势力发展到黄河沿岸，就宣布只要这些坞堡主不是死心塌地跟着石勒走，愿意暗中接受他的命令，就允许他们暂时在表面上仍属于石勒。为了不使石勒疑心，祖逖还时时派军队假装向这些坞堡攻击。因此这些坞堡主对祖逖非常感激，有什么情况，他们就马上报告祖逖。所以在军事上，祖逖总居于主动地位，常打胜仗。

为了瓦解敌人的军心，取得敌人占领区人民的拥护，祖逖又采取优待俘虏的办法。有一次他的巡逻兵在边界上俘获了一个石勒地区的人。祖逖很好地款待这个人，并晓以大义，然后把他放了回去。不久，由于这个人的宣传，就有许多人从石勒地区偷跑到祖逖这边来。

由于军事上和政治上的成功，祖逖的势力逐渐发展起来，占领的地区也逐渐扩大了。他的前锋北达黄河沿岸，西到广武、虎牢一带（今河南郑州以西）。黄河以南的土地，已完全被祖逖占领了。

石勒非常害怕祖逖，特地派人到祖逖老家，给他修祖坟，借以讨好祖逖。又写信给祖逖，希望互派代表，进行互市②。有一次，祖逖这边有个人投降了石勒。石勒马上把这个人杀掉，把头送给祖逖，并且说："我最恨叛臣逃吏，将军所痛恨的人，正也是我所痛恨的人。"

石勒这样做，原来想软化祖逖，可是祖逖并没有中他的诡计。通过互市，石勒方面得到好处，祖逖方面也获得很大的利益，财力大大充实起来，更积极准备向河北推进了。

注释:

①质子,就是人质。服从石勒的坞主,要派自己的子弟住在石勒那里。如果有人背叛,就把他的质子杀掉。

②互市,即互相进行贸易。

五、黎民歌颂

祖逖不但能团结坞堡,亲近士兵,更重要的是他还能依靠人民,善于采取措施,保护生产,恢复生产。祖逖自己的生活非常朴素节俭,不爱财,不蓄资产。他的子弟都亲自参加耕作,或上山打柴。

豫州的百姓对祖逖都很敬爱。有一次,他们举行盛大的宴会,表示对祖逖的感激。宴会中,他们歌唱道:

有一次他们置酒会,又歌又舞,表示对祖逖的感激

>　　幸哉遗黎免俘虏，
>　　三辰既朗遇慈父。
>　　玄酒忘劳甘瓠脯，
>　　何以咏恩歌且舞。

这首歌的意思是：真侥幸啊，我们这些老百姓没有当了俘虏！黑夜过了，光明来了，祖将军像慈父般保护着我们；我们今天饮美酒，吃甜瓜，啖果脯，该怎样来颂扬祖将军的恩德呢？舞了又歌，歌了又舞！从这首歌里，可以看出当时中原人民的心情：从刘渊、石勒起事，到这时已有十多年了。在这十多年中，中原人民没有过一天好日子。今天这个来抢一阵，明天那个来杀一阵。人们四散流亡，土地大量荒芜。能够活下来的,真是九死一生。现在祖逖来了,他能够爱护人民,保护生产,率领着军队和人民抗御石勒的侵扰。这完全符合当时人民的要求,因此人民这样歌颂他。

不料祖逖在中原的发展,竟引起司马睿的猜忌。这时司马睿已经正式做了皇帝。对于祖逖的北伐,他本来不赞成,但因为在道理上不能反对,所以勉强同意了。现在听说祖逖在北方深得民心,司马睿就很不放心,怕他的势力发展太大,自己不能控制他。这时在长江上游的王敦,占据荆州,已经不听司马睿的号令;如果再来一个强大的祖逖,那就更吃不消了。因此司马睿派了一个亲信人物戴渊做征西将军,都督司、兖、豫、并、雍、冀六州①诸军事。祖逖这时是镇西将军,豫州刺史。戴渊恰好是祖逖的顶头上司,直接管辖着他,可以控制他的势力。对此,祖逖极不高兴。

由于司马睿和王敦之间的矛盾逐渐显露,也使祖逖很忧心。司马睿在江东的地位,本来靠大族王导、王敦兄弟的支持。当时有这样一句话,说是"王与马,共天下。""马"是指司马氏,"王"就是指王导、王敦兄弟。就在司马睿开始做皇帝,群臣朝贺的时候,司马睿还表示非常谦谨,要王导和他一起坐在皇帝座上。可见王家势力之大。后来司马睿想逐渐引用他的亲信,疏远王氏,排斥王氏。王导是个老成持重的人，还没有什么表示；王敦就不行了，愤怨之情渐渐显露，想把司马睿推翻。如果王敦真的造起反来，就不免一场内战。这就使祖逖十分耽忧。

忧念愤懑，使祖逖成病。在公元321年九月，祖逖死在雍丘（今河南杞县）驻地，享年五十六岁。

豫州人民对于祖逖的死，非常悲痛，很多地方为祖逖建立祠堂。唐朝大诗人杜甫有两句诗，是悼念诸葛亮的：

出师未捷身先死，
长使英雄泪满襟。

这两句诗，现在我们正可以移用

过来悼念祖逖。

注释：

①司州指河南荥泽一带，兖州指山东范县一带，并州指山西太原一带，雍州指陕西长安一带，冀州指河北高邑县一带。

出版说明

"新编历史小丛书"承自上世纪60年代吴晗策划的"中国历史小丛书",其中不少名家名作是已经垂之经典的作品,一些措辞亦有写作伊初的时代特征。为了保持其原有版本风貌,再版过程中不做现代汉语的规范化统一。读者阅读时亦可从中体会到语言变化的规律。

新编历史小丛书编委会

图书在版编目（CIP）数据

祖逖北伐 / 何兹全著. —— 北京：北京人民出版社，2019.5

（新编历史小丛书）

ISBN 978-7-5300-0363-3

Ⅰ.①祖… Ⅱ.①何… Ⅲ.①祖逖（266-321）—生平事迹 Ⅳ.①K825.2=372

中国版本图书馆 CIP 数据核字（2017）第 043127 号

责任编辑　王忠波　孔伊南
责任印制　宋　超　陈冬梅

新编历史小丛书

祖逖北伐
ZU TI BEIFA

何兹全 著

出　　版	北京出版集团公司 北京人民出版社
地　　址	北京北三环中路6号
邮　　编	100120
网　　址	www.bph.com.cn
总 发 行	北京出版集团公司
印　　刷	北京汇瑞嘉合文化发展有限公司
经　　销	新华书店
开　　本	880毫米×1230毫米　1/32
印　　张	2.125
字　　数	16千字
版　　次	2019年5月第1版
印　　次	2019年11月第2次印刷
书　　号	ISBN 978-7-5300-0363-3
定　　价	18.00元

如有印装质量问题，由本社负责调换
质量监督电话 010-58572393